MW00513943

Las frutas
fuente de bienestar y salud

Las frutas
fuente de bienestar y salud

Editorial Época, S.A. de C.V.
Emperadores núm. 185
Col. Portales
C. P. 03300, México, D. F.

1a. edición, julio 2010

© *Las frutas fuente de bienestar y salud*

© Derechos reservados 2010
© Editorial Época, S.A. de C.V.
 Emperadores núm. 185, Col. Portales
 C.P. 03300-México, D.F.
 www.editorialepoca.com
 Tels: 56-04-90-46
 56-04-90-72

Diseño de portada: Adriana Velázquez Cruz.
Formación tipográfica: Ana M. Hdez. A.

ISBN: 970-627-873-7
ISBN: 978-970-627-873-9

Las características tipográficas de esta obra no pueden reproducirse, almacenarse en un sistema de recuperación o transmitirse en forma alguna por medio de cualquier procedimiento mecánico, electrónico, fotocopia, grabación, internet o cualquier otro sin el previo consentimiento por escrito de la Editorial.

Impreso en México — *Printed in Mexico*

Introducción

S e dice que el hombre evolucionó a partir del día que consumió carne, y aunque esto pudiera ser verdadero, lo cierto es que el primer alimento que tuvo, consistió en frutos que cortaba de los árboles. Antes que la caza y la pesca, los alimentos provenientes de los árboles han sido uno de los productos básicos para la supervivencia del ser humano. Incluso, junto con las verduras silvestres y las plantas, pues estamos hablando de los tiempos anteriores a la agricultura, constituyeron un recurso más que alimentario, debido a que fueron el primer grupo de medicinas empleadas como tal. Las heridas eran sanadas por medio de cataplasmas, los venenos ponzoñosos eran tratados con ellas y generalmente las usaban para conservar una salud apropiada.

Tanta fue la aceptación de las frutas y las verduras en el consumo humano, que hubo la necesidad de producirlas en cantidades más grandes y seguras. Así, en vez de moverse en caravana buscando los lugares con mejores frutos, crearon huertos, donde tenían lo que iban necesitando a la mano. Y sí, llego el consumo de carne, de hecho antes de que se comenzara a cultivar, pero éste no fue más que un complemento.

Y es que las frutas abastecen de sustancias que permiten a los órganos funcionar adecuadamente, alimentando las células y desechando residuos; dan energía y mantienen el equilibrio bioquímico del cuerpo. Además, proveen de vitaminas, minerales, carbohidratos, ácidos, agua y diversos compuestos. Si se les consume en crudo, aprovechamos absolutamente todos sus nutrientes, obteniendo múltiples ventajas como regular el sistema inmunológico, fortalecer y desintoxicar al organismo, mantener alcalina la saliva y así evitar el deterioro del esmalte dental, entre otros.

A tomarse en cuenta son aquellas sustancias que le dan color y sabor a las frutas, que actúan como antioxidantes en el organismo, ayudándole a prevenir el envejecimiento y diversos padecimientos. Lo que significa que si se mantiene un consumo regular y constante de frutas se gana riqueza nutricional y la posibilidad de recuperar y prolongar la salud.

¿Cuánto hay que consumir? De acuerdo con la Organización Mundial de la Salud (OMS) el organismo humano requiere de cinco porciones al día de frutas y verduras. De las cinco raciones recomendadas, tres deben ser de frutas y dos de verduras. De las porciones de fruta, una debería ser de cítricos y el resto de cualquiera que esté de temporada. De las de verduras, una debe ser consumida cruda, y la otra puede ser cocida como guarnición de carnes o pescados.

Así, garantizamos nuestra salud, vitalidad y longevidad; es decir, viviremos más años. Pero, si acaso hay alguna enfermedad, incluso crónica, que nos aqueje, las frutas son una opción natural de curación que puede ser empleada junto con el tratamiento prescrito de un médico. Porque si hay algo que se obtiene al consumir frutas es bienestar y salud.

Las frutas y el organismo

La fruta es indudablemente, el alimento más benéfico que se puede consumir, el que más energía suministra y el más vivificante. Nuestro aparato digestivo está perfectamente adaptado para procesar frutas, por ello es más importante pensar qué cantidad de frutas y no de proteínas vamos a comer durante el día. De todos los alimentos, la fruta es el que tiene mayor contenido en agua y dentro de la misma se encuentran todas las vitaminas, minerales, carbohidratos, aminoácidos y ácidos grasos que el cuerpo humano necesita.

Todo tipo de fruta exige menos gasto de energía, de nuestra parte, para su digestión que cualquier otro alimento. De ahí que sean básicas en el equilibrio de la dieta, debido a que su alto contenido de agua, como se ha mencionado, facilita la eliminación de toxinas, nos ayuda a mantenernos hidratados y a lucir un cutis terso y sano.

Su aporte de fibra regula el tránsito intestinal, elimina el estreñimiento y la suciedad del intestino grueso. Y aunque no se ha comprobado a ciencia cierta que ayude en la prevención de ciertos tipos de cáncer, se cree que son más los beneficios que se obtienen de ingerir de forma cotidiana frutas. Por su efecto de saciedad ayuda a no comer en exceso.

Muchas de las frutas, sobre todo los cítricos y las cerezas, son fuente de vitamina C, efectiva para el sistema de defensas, de ahí que surgiera la popular creencia de que los resfriados pueden ser rápidamente aliviados, si se consumen grandes cantidades de cítricos. Contienen carbohidratos complejos o glúcidos, fuente de energía para todas las actividades celulares vitales.

La mayoría de ellas son antioxidantes, por lo que ciertos procesos celulares que resultan nocivos, como los tumores, los trastornos cardiovasculares, entre otros, son retardados e, incluso, evitados.

Las impresionantes propiedades de las frutas se traducen en beneficios que se extienden al funcionamiento de nuestro metabolismo y del cuerpo en general. Afectan a los procesos de envejecimiento, rejuveneciendo e hidratando nuestra piel y órganos vitales, procuran valiosas sales a nuestro organismo, benefician a la belleza de nuestro cuerpo y muy especialmente mejoran nuestra apariencia.

A saber

La composición de las frutas va, en gran medida, en función del tipo de fruto y de su grado de maduración. El agua es el componente mayoritario en todos los casos. Constituye, en general, más del 80 por ciento del peso de la porción comestible, oscilando entre un 82 por ciento en las uvas, un 90 por ciento en las fresas y hasta un 93 por ciento en la sandía. Las calorías de la fruta dependen casi exclusivamente de su contenido de hidratos de carbono, a excepción del aguacate y del coco, frutas en las que el contenido graso determina su valor energético.

Hoy en día es todo un mito el decir que las frutas no engordan, debido a que si se consumen en grandes cantidades, y muy maduras, sí aportan grandes cantidades de azúcares que se convierten en energía que muchas veces no es gastada del todo por el organismo. Así, resulta evidente que se puede engordar si no se cuida y limita el consumo. De ahí la importancia de consumir las porciones adecuadas.

Los azúcares o hidratos de carbono simples (fructosa, glucosa, sacarosa) confieren el sabor dulce a las frutas maduras y suponen un 5-18 por ciento del peso de la porción comestible. Las manzanas y las peras son ricas en fructosa. En las frutas encontramos también, monosacáridos y disacáridos como la xilosa, la arabinosa, la manosa y la maltosa. Las ciruelas y las peras contienen cantidades relativamente altas de sorbitol, una sustancia emparentada con los azúcares, que posee un conocido efecto laxante. En menor cantidad presentan hidratos de carbono complejos (almidón). Las frutas no maduras poseen entre un 0.5-2 por ciento de almidón, pero conforme van madurando ese porcentaje disminuye hasta casi desaparecer, salvo en los plátanos maduros, en los que el almidón puede superar el 3 por ciento de su peso total.

El consumo de frutas neutraliza los radicales libres, estos son átomos o moléculas que tienen un electrón no emparejado, lo que los hace muy reactivos. El organismo los produce en una cierta cantidad para llevar a cabo reacciones químicas necesarias para la vida, y es el propio cuerpo el que se encarga de neutralizarlos. Los problemas surgen cuando en nuestro organismo se produce un exceso sostenido, durante años, de radicales libres, causado sobre todo por contaminantes externos como la polución, el tabaco, los pesticidas o ciertas grasas.

Los radicales libres que el organismo no es capaz de neutralizar reaccionan con las moléculas de las células, causando graves daños y produciendo más radicales. Esta degeneración celular es lo que contribuye al envejecimiento y provoca enfermedades como el cáncer o afecciones cardiovasculares, entre otras dolencias.

Cuando éstos son neutralizados, algo que se consigue fácilmente con el consumo regular de frutas, actúan liberando electrones en la sangre que son captados por los radicales libres, convirtiéndose así en moléculas estables. Los compuestos con esta cualidad reciben el nombre de antioxidantes. Y como tal se conocen a:

La vitamina A:

Interviene en el crecimiento y en la hidratación de la piel, mucosas, pelo, uñas, dientes y huesos. La zanahoria y frutas como el albaricoque o el melocotón son muy ricos en esta vitamina.

Pero eso no es todo, ya que la vitamina A ayuda a conciliar el sueño y a mantener la presión normal. De lo anterior se desprende aquel consejo que dice que antes de ir a la cama se procure tomar una bebida caliente de frutos amarillos, o el tan mencionado té de flores del naranjo, la verdad es que esta vitamina se encuentra en el pigmento que le confiere el color amarillo-anaranjado a estos frutos y de ahí que se haya derivado la costumbre, aunque los mismos beneficios se obtienen si se consume algún tipo de cítrico durante el día.

Betacaroteno:

Es un pigmento presente en frutas y verduras. Se ha demostrado que se transforma en vitamina A en el hígado y en el intestino delgado, y es un poderoso antioxidante de las células; por tanto, retrasa su envejecimiento y, además, reduce el riesgo de padecer cáncer.

Se recomienda sobre todo para las personas fumadoras que, en general, tienen en su organismo una cantidad inferior de vitamina A. En dermatología se aconseja para el bronceado.

Vitamina B:

Se encuentra en la mayoría de alimentos de origen vegetal y tiene un efecto benéfico sobre el sistema nervioso. Dentro de este grupo se incluye el ácido fólico, que contribuye a la formación de glóbulos rojos y está presente en la mayoría de verduras de hoja verde.

Dentro del grupo de vitaminas B, encontramos a: la tiamina B1, la riboflavina B2, la niacina B3, la piridoxina B6, la biotina B7, el ácido fólico B9, la cobalamina B12. Todas estas vitaminas ayudan a prevenir la fatiga, ayudan al crecimiento y desarrollo del cuerpo humano, facilitan la digestión, dan brillo a los ojos, mantienen el buen color de la piel, fortalecen los nervios, regulan el metabolismo de los tejidos del hígado, sistema nervioso y piel. Son indispensables para la producción de sangre y de glóbulos blancos. Evitan la anemia, la diarrea y las lesiones gastrointestinales.

Vitamina C:

Interviene en la producción del colágeno, de hormonas y neurotrasmisores, ayuda a la absorción del hierro y contribuye a la metabolización de las grasas. Los cítricos tienen un alto contenido de esta vitamina, así como el perejil y el pimiento. Además, fortalece el aparato respiratorio. Previene el sangrado de las encías y ayuda a combatir algunas infecciones.

Vitamina E:

Además de evitar la acumulación de radicales libres, ayuda en la estabilización de las membranas celulares y protege los ácidos grasos. Se encuentra muy concentrada en el aguacate.

Vitamina K:

Es necesaria para una coagulación normal y está presente en verduras de hoja verde, raíces comestibles, frutas y semillas.

Fibra:

El término engloba una serie de sustancias que se encuentran en los alimentos, normalmente de origen vegetal, pero que el organismo no es capaz de digerir y absorber. La fibra facilita la digestión y evita problemas intestinales y metabólicos. Los higos y los espárragos son muy ricos en fibra.

Su clasificación

Las frutas se clasifican en cuatro grandes grupos: ácidas, semiácidas, dulces y neutras. Existen, además, cuatro subgrupos: de algodón, de hueso, de doble fin y tubérculas.

Frutas ácidas

Se caracterizan por ser ricas en ácidos, y son excelentes para bajar triglicéridos, colesterol y acido úrico, no todas contienen acido cítrico, como es el caso de la piña. Entran en este grupo, las siguientes frutas:

Aracea perforada	Arandino
Borojó	Caimo (variedad)
Guayaba (coronilla)	Kiwi
Limón	Manzana de agua
Maracuyá	Mora

Naranja (variedad)   Piña   Piñuela
Pomelo   Tamarindo
Toronja   Uva (variedad)
Zarzamora

Frutas semiácidas

Se caracterizan por tener ácidos menos fuertes y más simples que las ácidas. Contienen elementos como el cianuro, que posee la almendra de la pepa de la ciruela. Son ricas en proteínas de alto valor biológico.

Árbol de tomate   Badea
Caimarón   Caimito
Ciruela claudia o jocote   Ciruela de la gobernadora
Ciruelo de huesito   Ciruelo de natal
Ciruelo del Gobernador   Curuba
Durazno o melocotón   Freijoa
Frambuesa   Fresa
Granadilla   Guayaba (variedad)
Lima   Lulo Mamoncillo
Mandarina   Mango
Manzana verde   Marañon o caja
Membrillo   Nibia
Níspero del Japón   Pomarrosa
Tomate   Uchuva

Frutas dulces

Son el grupo más amplio, y se caracterizan por no contener ácidos, y porque entre sus componentes predominan los azúcares. Ricas en Vitaminas A, C, E y complejo B.

Abotijaba	Albaricoque
Anón	Banano
Breva	Cafeto
Caimo	Camarona
Cereza	Cereza o acerola
Cereza sabanera	Chirimoya
Ciruelo del fraile	Dátiles
Granada	Grosella
Guama	Guanábana
Guaraná	Guayaba (variedad)
Higo	Hobo
Huevo de gallo	Icaco
Iapachillo	Momambi
Mangostán	Manzana (variedad)
Melón	Mortiño
Níspero	Papaya
Papayuela	Pera
Pitahaya	Pomarrosa
Remolacha	Sandía
Uva (variedad)	Zapote

Frutas neutras

Se caracterizan por ser las más ricas en proteínas (prótidos), vitaminas, sales minerales y oligoelementos.

Aceituna	Aguacate
Almendra	Almendrón
Árbol de pan	Avellana
Cacahuate	Cacao
Castaña o nuez del Brasil	Castaño castona
Chachafruto	Chontaduro
Coco Corozo	Dividivi
Macadamia	Maní
Marquí	Mistol
Nuez	Nuez moscada
Pepino cohombro	

Esta clasificación comprende un subgrupo, y se les ha denominado de esta manera debido a su forma física.

Frutas de algodón

Anón	Chirimoya	Guama
Guanábana	Icaco	Mangostán

Frutas de hueso

Albaricoque	Cereza	Ciruela
Durazno		

Frutas de doble fin

Ahuyama	Berenjena	Chachafruto
Guatila o chayote	Pepino	Tomate

Frutas tubérculos

Malanga	Maní	Rábanos
Remolacha	Sagú	

Es importante conocer esta clasificación para saber cuáles frutas se pueden combinar sin problema. Cabe mencionar que las frutas no se digieren en el estómago ni siquiera en una mínima parte. Todas las frutas, excepto plátanos, dátiles y frutos secos, atraviesan el estómago en poco tiempo (20-30 minutos), se descomponen y liberan sus sustancias nutritivas en los intestinos.

La energía que ahorra la fruta al no tener que ser digerida en el estómago es considerable, y automáticamente es redirigida a limpiar el cuerpo de desechos tóxicos con lo cual se consigue reducción de peso. Esto solo es válido si se consumen correctamente, es decir, no consumir fruta con otro alimento, ni inmediatamente después de otros alimentos.

Y es que al combinarse con otros alimentos, la fruta ya no puede pasar directamente al intestino y al ponerse en contacto con los jugos digestivos y demás alimentos que hay en el estómago, éstos se transforman, se fermentan y acidifican. En muchas ocasiones se produce una sensación de indigestión o de acidez.

Para aprovechar las ventajas de las frutas, es importante tener en cuenta el tiempo que debe transcurrir desde que se ha consumido cualquier otro alimento, antes de comer fruta. Si el estómago está vacío, se puede comer toda la fruta que uno desee, pero se deben dejar pasar entre 20 y 30 minutos antes de comer cualquier otro alimento. Los plátanos, dátiles y frutos secos necesitan de 45 minutos a una hora. Si se ha consumido un alimento diferente a la fruta, se recomienda:

- Esperarse 2 horas si se comió ensalada.
- Esperarse 3 horas si se comió una comida bien combinada sin carne.
- Esperarse 4 horas si se comió una comida bien combinada con carne.
- Esperarse 8 horas si se comió una comida mal combinada.

No todas las frutas se pueden mezclar simultánea-
mente en la alimentación, pues producen reacciones
químicas perjudiciales para el organismo. Las únicas
que no presentan problemas son las dulces, por lo tanto,
sólo se recomiendan éstas en las ensaladas.

El resto, es mejor combinarlas entre sí; es decir, con
frutas que pertenezcan al mismo grupo, para evitar problemas de digestión. El no sentir síntomas, realizando
combinaciones inadecuadas de frutas, sólo demues-
tra que nuestro cuerpo tiene una gran adaptabilidad.
Son muchos los efectos benéficos que conlleva realizar
mezclas adecuadas no sólo de frutas sino de todos los
alimentos, de esta manera prevenimos problemas de
salud, mejoramos la digestión, sintiendo un gran bienestar y además es una forma de ayudarnos a mantener
un peso adecuado.

Guía de frutas
y beneficios particulares

Afortunadamente no todas las frutas maduran al mismo tiempo, de hecho, la naturaleza nos brinda el regalo más grande al madurar los frutos conforme los va requiriendo el organismo; es decir, las hace idóneas para afrontar las estaciones del año. Las de primavera y verano son frescas, ricas en agua. Las de otoño son más energéticas, como las uvas. Y las de invierno, como los cítricos, fortalecen el aparato respiratorio.

Claro que con los avances tecnológicos se puede cosechar fruta aún fuera de su temporada, pero ésta es más costosa. Además, se puede refrigerar, aunque gracias a este proceso de conservación la fruta pierde nutrientes. De modo que la mejor opción será siempre la de temporada.

Toda vez que la llevamos a casa, se debe mantener en un sitio fresco, donde no le dé el sol, de este modo evitaremos que pierda vitaminas. Las frutas ya maduras no duran en la alacena más de dos días, pero si se elige un poco más verde se puede poner a madurar y consumirse algunos días después de haberla adquirido. Sin embargo, es contraproducente comprarla muy verde, debido a que el proceso de maduración es artificial y no alcanza el sabor óptimo. De ahí que es más aconsejable comprarla para consumirse casi de inmediato.

La siguiente es una guía de algunas de las frutas más comunes en nuestro país, con sus propiedades y beneficios particulares. Comience hoy a consumir más fruta y dese el gusto de recibir de sus maravillosas aportaciones nutricionales y energéticas.

Grupo de las ácidas

Borojo

El borojo se asume como originario del Amazonas, ya que allí se encuentra la mayor cantidad de especies reportadas. En el amazona brasilero existen cinco especies de borojo. La fruta tiene 7-12 centímetros de diámetro, es de color verde y cambia a chocolate cuando madura; la pulpa es de color chocolate, ácida, y densa. Es una fruta altamente energética y nutritiva.

Se utiliza comúnmente en Colombia, y se está dando a conocer en otros países, principalmente por sus supuestas propiedades afrodisíacas, aunque esta característica es una de muchas que presenta el Borojo. En México ya se le puede encontrar en los mercados grandes, y se emplea normalmente en las zonas costeras debido a su alto aporte de energía.

Guayaba

El origen del nombre de la guayaba es polémico: para algunos estudiosos proviene de una voz caribe y se atribuye a escritos de navegantes que descubrieron la guayaba en los primeros viajes que Colón realizó por esa región de América. Para otros, el origen de la palabra guayaba sería el náhuatl y provendría de cuáhuitl, árbol, y tlacoyahua, descortezado, resultando cuayahua, en alusión al constante desprendimiento de la capa externa de la corteza que caracteriza al árbol de guayabo.

La hoja del guayabo se utilizó en la medicina desde épocas muy antiguas, para curar los trastornos digestivos acompañados de diarrea y dolor abdominal, como se asienta en diversas crónicas y fuentes de historia de la herbolaria mexicana. Puesto que el cultivo de este árbol se extendió por casi todo el cinturón tropical del mundo, debido a la gran demanda y aprecio por sus frutos, el uso de la hoja como recurso medicinal también se propagó a otros países.

En India, por ejemplo, por sus propiedades antidiarréicas se emplea la infusión de hojas de guayabo para combatir los síntomas; en China se le atribuye utilidad para el tratamiento de la colitis; en lugares tan distantes entre sí como Cuba, Ruanda, Nigeria, Filipinas, Perú y Nueva Guinea se considera el remedio antidiarréico por excelencia. Actualmente, en la medicina de China el jugo de guayaba íntegro se utiliza como un recurso de la dieta para mantener, dentro de límites normales, los niveles de glucosa de los diabéticos.

La guayaba, curiosamente fue el primer fruto que le ofrecieron los indígenas a Cristóbal Colón cuando descubrió América. Y no es para menos, ya que su contenido mayoritario es el agua. Las calorías que aporta a la dieta son pocas, y a cambio ofrece proteínas y grasas. Contiene siete veces más vitamina C que la naranja. Aporta vitamina A y vitaminas del grupo B. Más rica en caroteno conforme su color es más naranja por dentro. Contiene potasio, calcio, fósforo, magnesio y en cantidad menor hierro.

Este fruto es ideal para las personas que están a dieta, para los deportistas, por su aporte de proteínas, y para las personas en general en épocas de frío, pues ayuda a prevenir enfermedades de las vías respiratorias.

Kiwi

El kiwi no sólo es un fruto original en nombre y aspecto, es también importante fuente de vitaminas A, C y E, potasio, fibra y enzimas digestivas, que puede saborearse solo o como parte de platillos diversos. Aporta considerables cantidades de vitaminas A y E, minerales como magnesio, calcio, sodio y, en menor medida, hierro y zinc. También brinda hidratos de carbono, proteínas, fibra (es recomendable para personas con estreñimiento crónico) y, por si fuera poco, contiene una enzima que ayuda a la digestión, la actinidina, muy similar a la papaina encontrada en la papaya.

Según un estudio realizado en la universidad de Oslo, Noruega, consumir dos o tres kiwis al día ayuda a reducir la formación de coágulos y a disminuir la grasa en la sangre, que puede bloquear las arterias. Esto significa que un kiwi aporta los mismos beneficios que una aspirina, con la ventaja de que con el tiempo no provoca efectos secundarios en el aparato digestivo. Lo anterior gracias a que el fruto está libre de grasas, colesterol y sodio.

Por tanto, si se quiere gozar de buena salud, controlar el colesterol y libres las arterias de lípidos (grasas) habría que procurar consumir al menos tres veces por semana un kiwi. Ya que si se padece del corazón, lo más apropiado es subir la ingesta a un kiwi cada tercer día. Pero si ya ha sido diagnosticado con alguna enfermedad cardiovascular, o ya padecido algún pre infarto o infarto, lo ideal será que consuma un kiwi diario. No tema, recuerde que esta fruta no contiene grasa ni colesterol y brinda los beneficios de una aspirina pero sin maltratar la flora intestinal.

Limón

Si bien es un fruto de sabor ácido, son tantas sus propiedades, que este pequeño defecto se transforma en una virtud luego de conocer las ventajas nutritivas y curativas que nos otorga. El limón ocupa un primer lugar entre los frutos curativos, preventivos y de aporte vitamínico, transformándolo en un gran eliminador de toxinas y un poderoso bactericida. Posee vitamina C en abundancia que refuerza las defensas del organismo para evitar enfermedades, sobre todo de las vías respiratorias que van desde un simple catarro, ronquera, amigdalitis, hasta pulmonías, bronquitis, congestiones, gripe, pleuresías, asma, etcétera.

Cuenta con algunas vitaminas del complejo B (B1, B2, B3, B5, B6). La vitamina B1 (tiamina) previene y cura la enfermedad del beriberi cuyos síntomas son parálisis, edema e insuficiencia cardíaca. Interviene además en el metabolismo de los hidratos de carbono. La vitamina B3 (niacina) previene la dermatitis, la mala digestión y alteraciones mentales. Esta vitamina es muy necesaria para conservar la salud de la piel, el aparato digestivo y el sistema nervioso. Mejora la circulación sanguínea y sintetiza las hormonas sexuales.

El limón puede considerarse como una fruta medicinal, ya que actúa como curativo para más de ciento cincuenta dolencias y enfermedades. Ayuda a cicatrizar heridas de todo tipo, aplicándolo interior y exteriormente. El limón es muy rico en minerales entre los que se destacan potasio, magnesio, calcio y fósforo (contiene también sodio, hierro y flúor).

El potasio, por ejemplo, es un elemento esencial para la vida y beneficioso para el tratamiento de la hipertensión arterial.

Al igual que cualquier medicamento su consumo está directamente ligado a las condiciones físicas de cada persona, pues si bien es un gran aliado de la salud también su consumo deberá ser restringido frente a situaciones particularizadas. Está contraindicado en casos de: desmineralización, descalcificación, anemia, raquitismo, fragilidad de los huesos, inflamación de las encías, dientes flojos y muy cariados, llagas en la boca y garganta, grietas en la lengua, heridas en la piel, edad avanzada o niños débiles, insomnio, acidosis, sensibilidad a los ácidos, estreñimiento crónico, inflamación de la próstata, inflamación de la matriz, vejiga o esófago. Mientras dura el período menstrual, enfermedades de los nervios. Fuera de estos muy particulares casos, se recomienda consumir limón en cantidades de no más de una unidad por día.

Manzana de agua

La manzana de agua o Eugenia, como también se le conoce, es un fruto que proviene de un manzano que se cultiva en Malasia, que a diferencia de la manzana tradicional, ésta es parecida a una pera sólo que de color rojo. Es de sabor ácido, pero que no llega a desagradar a ningún paladar. Es comúnmente cultivada en la India, el sureste de Asia e Indonesia. En Filipinas, crece como silvestre en las provincias de Mindanao, Basilan, Dinagat y Samar. Nunca ha sido ampliamente distribuida, pero ocasionalmente se cultiva en Trinidad y Hawai. Fue introducida en Puerto Rico en 1927, pero sobrevivió sólo unos pocos años. Esta es la razón por la que es un poco costosa.

De este fruto podemos decir que contiene las mismas propiedades que las manzanas tradicionales, aunque su sabor es distinto.

Maracuyá

También conocida como la fruta de la pasión, es originaria de Centroamérica. Brasil es posiblemente el mayor productor, seguido de Colombia, Venezuela y toda Centroamérica. También se produce en Kenia, Costa de Marfil, sur de África y Australia. El agua es su principal componente. Contiene una alta cantidad de hidratos de carbono por lo que su valor calórico es muy elevado.

Es muy rica en vitaminas y minerales, como Vitamina C, provitamina A o beta caroteno, ambas fundamentales para nuestro organismo, para tener un pelo sano, el cuidado de la piel, la visión y el sistema inmunológico. Los minerales presentes en esta fruta son el potasio, fósforo y magnesio. También contiene grandes cantidades de fibra, lo que la hace ideal para las personas que sufren de estreñimiento.

El maracuyá, además de comerse crudo, puede tomarse en jugo, resultando una bebida muy dulce y refrescante, bastante rica en minerales. Contiene niacina, que resulta muy adecuada para el tratamiento del colesterol y el perfecto estado de los nervios. Su bajo contenido en grasas la hace muy adecuada para dietas de adelgazamiento. Al igual que el resto de las partes de la planta, presenta propiedades tranquilizantes y desintoxicantes, no solamente por su contenido en vitamina C y por la niacina, sino también por su alto contenido en vitamina A que se convierte en Betacaroteno y riboflavinas.

Una fruta equivale a una porción, que se puede consumir en época sobre todo de calor, que es cuando el precio del fruto es más accesible. Sobre si tiene propiedades afrodisiacas, es un tema que todavía se está estudiando, por lo tanto podemos decir que es un fruto delicioso capaz de calmar la sed y aportar propiedades benéficas para la salud.

Mora

Fruto del moral y la morera, es un alimento que tiene su origen en Persia, tiene figura aovada y se presenta de color rojo-morado con pequeños lóbulos carnosos. Existen tres tipos de árbol, pero en México se cultiva la morera roja, que es la que da los mejores frutos. Tan es así, que sirve de alimento para aves y gusanos de seda, y dura muy poco tiempo en las ramas.

Es un producto muy codiciado para la salud, puesto que posee una riqueza en vitaminas A y C que hace que resulte muy útil para prevenir enfermedades infecciosas o alteraciones de la piel. Una de sus principales cualidades es la de aportar sustancias benéficas para nuestros procesos metabólicos, por su bajo contenido en calorías. Esto hace que sea rica para dietas adelgazantes, aunque está poco indicada para las personas diabéticas.

Las moras se cosechan en época de lluvia, son abundantes incluso de forma silvestre. Aproveche esta temporada para consumirlas y recibir los beneficios de sus propiedades. Una porción de moras equivale a diez moras previamente lavadas.

Naranja

La temporada de naranjas es de enero a mayo. Es cuando se pueden conseguir naranjas a un precio muy razonable. Se diferencian las naranjas de jugo (más baratas en temporada, ricas en jugo) y naranjas de mesa (estéticamente más grandes y bonitas). La naranja es una espléndida combinación de sabor y elementos nutritivos que no se limitan a la vitamina C. Hoy, se reconocen en este cítrico propiedades que previenen la aparición de enfermedades y su papel protagónico para proteger al sistema inmunológico.

De su composición nutritiva, destaca su escaso valor energético, gracias a su elevado contenido en agua y su riqueza de vitamina C, ácido fólico y minerales como el potasio, el magnesio y calcio. Este último apenas se absorbe por el organismo. Contiene cantidades apreciables de beta-caroteno, responsable de su color típico y conocido por sus propiedades antioxidantes; además de los ácidos málico, oxálico, tartárico y cítrico, este último potencia la acción de la vitamina C. La cantidad de fibra es apreciable y ésta se encuentra sobre todo en la parte blanca entre la pulpa y la corteza, por lo que su consumo favorece el tránsito intestinal.

La naranja puede ser mezclada con el limón y la guayaba, frutas que pertenecen a este mismo grupo, y que combaten infecciones en vías respiratorias. Sin embargo, no es recomendable que la consuman aquellas personas con enfermedades renales, por sus oxalatos, que pueden a la larga evolucionar para convertirse en piedras en el riñón, de la misma manera tampoco es apta para casos de gastritis, úlcera, hernia y diarrea.

Piña

Después del plátano o la banana, la piña es la fruta tropical más popular. Es nativa de Sudamérica, particularmente de Brasil y Paraguay. La Piña también es llamada Ananá o Naná. Y fue Cristóbal Colón quien introdujo esta fruta en Europa. Hoy en día, más de la tercera parte de la producción mundial y 60 por ciento de los enlatados de piña provienen de Hawái.

Rica en bromelaina, la piña ayuda a la digestión de las proteínas y a reducir el dolor de las articulaciones, en cuyo caso se recomienda comer madura. Contiene un 85 por ciento de agua, fibra, vitaminas A, B2 y C, potasio, yodo, magnesio, calcio, hierro, cobre y pocos carbohidratos, por lo que es excelente para adelgazar.

Contiene micronutrientes que nos protegen contra el cáncer, además de ayudar a disolver los coágulos de sangre que podríamos llegar a formar, siendo beneficioso para el corazón. Muy madura, tiene propiedades diuréticas. Contiene sustancias químicas que estimulan los riñones y ayudan a eliminar los elementos tóxicos del organismo. El jugo de la piña combate y elimina parásitos de los intestinos, además de aliviar trastornos intestinales y reducir la bilis.

Tiene, además, propiedades antiinflamatorias. De igual manera, la piña también ayuda a acelerar la curación de las heridas producto de lesiones o cirugías. La porción correcta de piña es de una rebanada.

Toronja

Fruta procedente del extremo Oriente, se cría en climas cálidos, de sabor ácido y amargo, por tanto y sólo por su sabor posee propiedades sobre el hígado, vesícula biliar y corazón. La toronja es una fruta muy consumida por sus cualidades adelgazantes, tanto en dietas para perder peso, como para mucha gente que tiene costumbre de tomarse su dosis de vitamina C por las mañanas. Es un buen depurador de la sangre.

El agua es su principal componente. Contiene vitamina A, ácido fólico, flavonoides y aceites esenciales. Aporta potasio, magnesio, fósforo, calcio y un poco de fibra. Por tener propiedades diuréticas, desintoxica el organismo. Útil para gota, litiasis biliar y renal, hipertensión, retención de líquidos y para quienes toman diuréticos que eliminan potasio. La pulpa está dividida en 10-12 gajos que también tienen un sabor amargo debido a la presencia de unas sustancia llamada naringina y puede ser amarilla excepto en las variedades rojizas, que varían de rosa a rojo y tienen un sabor más dulce.

Hoy un buen número de personas utilizan esta fruta en la cocina para acompañar carnes como la de pato, pollo, cerdo o incluso como complemento con gambas, pero no cabe la menor duda que la mejor forma de consumirla es sola o combinada con los frutos pertenecientes a su mismo grupo.

Tamarindo

Árbol de lento crecimiento y larga vida, crece en zonas tropicales y subtropicales, el fruto es una vaina de color café, y su pulpa es muy apreciada en la gastronomía. Gracias a los árabes fue dado a conocer en la Europa de la Edad Media, donde por las propiedades alimenticias de su pulpa agridulce, refrescante y laxante, en grandes cantidades, se convirtió en algo conocido pero a la vez exótico.

El tamarindo no es originario de México, sino que fue traído por los españoles poco después de la conquista. Este importante fruto tiene su época de cosecha entre enero y abril, dependiendo de la región y del ejemplar, ya que no todos maduran a la vez, lo que representa una gran ventaja para su comercialización, pues, por increíble que parezca, los frutos de cada árbol poseen un sabor diferente. Por ello, en cada comunidad hay árboles "consentidos" por dar tamarindos más dulces y sabrosos.

Dentro de la medicina tradicional y alternativa la pulpa se utiliza como laxante o purgante, en cocimiento contra las fiebres, y la corteza como astringente. Pero no sólo eso, se asegura que es efectivo contra el dolor de cabeza, quemaduras de azotadores, resfriados, tos, vómito, ictericia, hemorroides, llagas, inflamación, hemorragias e hipertensión, además de sus cualidades como fungicida y antihelmíntico e, incluso, como un eficaz remedio contra la resaca.

El tamarindo tiene vitaminas A, B y C, y entre sus minerales están el hierro y el calcio. Es reconstituyente y muy energético. Hace buena sinergia con otras frutas en los ponches. Como es laxante, resuelve casos difíciles de estreñimiento. Ayuda a limpiar hígado y riñones.

Uva

La uva pertenece a la familia de las Vitáceas y al género de los Vitis. Necesita de un clima cálido, para su buen cultivo. La fermentación de esta fruta da lugar al vino, elixir mágico y deleite para muchos. Las principales regiones productoras de uvas son: Australia, Europa (Italia, España, Francia, Portugal, Turquía, Grecia), América (California, Chile, Argentina) y Sudáfrica. La mayor parte de las cosechas de uvas, van destinadas a la elaboración de vino. Es muy importante su consumo en todo el mundo. Cada vez se valora y consume más.

Existen numerosas variedades, todas ellas ricas en azúcares, vitamina B6 y ácido fólico. Poseen propiedades antioxidantes por sus flavonoides y fenoles, que favorecen arterias y corazón. La oscura tiene más potasio que la verde, aunque la verde tiene mayor cantidad de magnesio, calcio y fósforo. Por lo que lo más indicado es consumir ambos tipos de uvas, aunque no precisamente al mismo tiempo.

La uva es depurativa, restablece el balance ácido-alcalino de la sangre, elimina el ácido úrico, favorece la circulación, útil en enfermedades respiratorias, renales y hepáticas. El aceite de semilla de uva es antioxidante, antialérgico, ayuda a eliminar el colesterol, protege los pulmones, reduce o detiene la producción de células enfermas, suaviza los tejidos y es muy útil para los casos de artritis.

Zarzamora

La zarza comprende numerosas variedades e híbridos, muy abundantes y extendidos por todo el mundo. Nacen de forma espontánea en bordes de caminos, lindes de bosques abiertos, campos en barbecho, y en otros numerosos lugares que abarca desde los valles hasta las montañas. También se cultiva en Europa como planta curativa y por sus frutos.

Con fines medicinales se recolectan las raíces, las hojas jóvenes y frutos bien maduros. Las hojas se recogen a mano una por una, justo en el momento de la floración de la planta, que sucede en primavera-verano. Los frutos se recogen en verano-otoño cuando están bien maduros, para consumir en fresco. Las hojas se dejan secar a la sombra en lugar bien aireado; se almacenan resguardadas del polvo y la humedad.

Por sus propiedades medicinales se usa como astringente, odontálgico, diurético, antidiarreico, antidiabético, hemostático, laxante, bactericida. Detienen pequeñas pérdidas de sangre de heridas menores. Ulceraciones cutáneas, estomatitis, glositis, gingivitis, faringitis dolor de garganta y las úlceras bucales. También son conocidas su propiedades para tratar enfermedades tales como: la gripe, resfriados, tos y constipados, afecciones del sistema digestivo, las hemorroides, diarrea, indigestión, catarros intestinales, diabetes, reumatismo, urolitiasis, oliguria, retención de líquidos, cistitis y la pielitis, vaginitis, neuralgias, espasmos menstruales, conjuntivitis. Para todo esto una porción de zarzamoras equivale a diez frutos previamente lavados.

Recetas de frutas ácidas

℘ Ensalada C

Porciones: 2

Ingredientes:
    2 rebanadas de piña
    2 naranjas
    2 guayabas

Preparación:
    Pele las naranjas y desgaje. Lave y corte en rebanadas las guayabas. Corte las rebanadas de piña en trozos pequeños. En dos platos, coloque exactamente la mitad de cada una de las frutas y disfrute. Esta ensalada tiene

un alto contenido de vitamina C, ideal para los días de sol o bien cuando se quiera aumentar las defensas para evitar los resfriados. También es ideal para las personas que padecen dolores de articulaciones, artritis y gota.

ಿ❥ Bomba verde
Porciones: 2

Ingredientes:
   20 uvas verdes sin semillas
   2 kiwis
   ½ limón (el jugo)

Preparación:
   Lave y desinfecte las uvas. Pele los kiwis y corte en rebanadas. Rebane las uvas. Coloque las rebanadas del kiwi y las uvas en un platón. Bañe con el jugo de limón y disfrute después del mediodía. Esta receta es ideal para aquellas personas que padecen problemas del corazón, o quieren adelgazar y llevan un régimen alimenticio bastante estricto.

A tomarse en cuenta:

• No se debe abusar de los jugos de frutas ácidas. No es conveniente tomar jugos de frutas después de las comidas, debe hacerse una hora antes o una hora después, tampoco se deben consumir junto con las verduras.

- La naranja debe consumirse sola, preferiblemente en las mañanas.
- Las frutas deben masticarse bien, consumirse maduras y en algunos casos sin cáscaras ni semillas y bien lavadas.
- Las frutas cítricas deben consumirse antes de las dos de la tarde.

Grupo de las semiácidas

Ciruela

La Ciruela es el fruto del ciruelo, árboles que pertenecen a la familia de las Rosáceas y al género de las Prunus, que comprende unas 200 especies. Necesita de un clima templado, pero resiste perfectamente al frío. Existen variedades europeas, japonesas y americanas. Sobre todo seca, es un alimento con un alto valor nutritivo. Además, nadie desconoce su poder como laxante, aun comiendo pocos frutos. Los frutos son muy jugosos y provistos de una piel muy fina. En cuanto a su composición, es destacable su alto contenido en vitaminas; también contiene muchas sales minerales: hierro, calcio, magnesio, potasio y sodio.

De los huesos se puede extraer un aceite similar al de almendras. En cualquier régimen de adelgazamiento las ciruelas cumplen un papel primordial, pero sin abusar, porque los empachos de ciruelas no resultan nada agradables. El color de esta fruta varía en función de la variedad de que se trate.

Al comprar ciruelas hay que asegurarse de que sean firmes, no estén estropeadas y estén cubiertas de un ligero polvillo mate. Si se recogen directamente del árbol, se sabe que están maduras cuando sacudiendo ligeramente el árbol cae algún fruto. La ciruela, una vez que ha alcanzado su punto de sazón, no dura más de dos o tres días. Si se compran verdes, conviene dejarlas a temperatura ambiente para que maduren. Una vez en el hogar deben guardarse en el refrigerador en la parte menos fría durante pocos días. Antes de consumir las ciruelas, conviene lavarlas con cuidado ya que normalmente se consumen con piel.

Una porción de ciruelas equivale a tres unidades si son chicas, dos si son medianas y una si son muy grandes.

Durazno

Conocido también como melocotón, es originario de Asía. Tiene un bajo aporte de calorías, es una excelente fruta para dietas de reducción de peso. Se usa, además, para preparar ricos postres, en mascarillas faciales, como saborizante de algunas bebidas y su esencia en productos de belleza e higiene.

Al natural es de un delicado y exquisito sabor. El durazno nos aporta, vitaminas del complejo B y C, minerales como el potasio y fitoquímicos como la luteína zeaxantina criptoxantina y betacarotenos. Esta deliciosa fruta nos ayuda no sólo a alimentarnos de una manera sana, sino que además protege nuestra salud visual, neutraliza los radicales libres y disminuye el riesgo de contraer enfermedades cardiovasculares. Hay muchas variedades de esta fruta, pero siempre debemos preferir los de color amarillo o crema que sean suaves al tacto, y que no estén demasiado blandos, o pasados en su madurez.

Una porción de durazno equivale a un fruto de mediano tamaño, de preferencia maduro, el cual aportara nutrientes suficientes para ayudar a mantener la vista sana, prevenir la arteriosclerosis y el envejecimiento prematuro.

Frambuesa

Pertenece a la familia de las Rosáceas, la mayoría de las variedades son de verano. La Frambuesa es originaria de la población griega de Ida, luego se extendió a Italia, Holanda, Reino Unido y EEUU. Actualmente se cultiva en todos los países Europeos. Conocida también como fresa del bosque, es un hermoso fruto del frambueso o sangüeso, planta que crece silvestre en todos los países de clima templado.

Es una fruta que aporta una cantidad destacable de fibra, que mejora el tránsito intestinal. Constituye una buena fuente de vitamina C, ácido cítrico y ácido elágico, flavonoides y folatos, minerales como el potasio, el magnesio y el calcio, este último de peor aprovechamiento que el que procede de los lácteos u otros alimentos que son buena fuente de dicho mineral. La vitamina C tiene acción antioxidante, al igual que el ácido elágico y los flavonoides (pigmentos vegetales). Dicha vitamina interviene en la formación de colágeno, huesos y dientes, glóbulos rojos y favorece la absorción del hierro de los alimentos y la resistencia a las infecciones. El ácido cítrico, posee una acción desinfectante y potencia la acción de la vitamina C. El ácido fólico interviene en la producción de glóbulos rojos y blancos, en la síntesis de material genético y formación de anticuerpos del sistema inmunológico. El potasio es necesario para la transmisión y generación del impulso nervioso, para la actividad muscular normal e interviene en el equilibrio de agua dentro y fuera de la célula. El magnesio se relaciona con el funcionamiento de intestino, nervios y músculos, forma parte de huesos y dientes, mejora la inmunidad y posee un suave efecto laxante.

Una porción de frambuesa equivale a siete frutos que se pueden consumir, si se quiere, en combinación con todos los frutos de este mismo grupo para evitar problemas de digestión lenta o malestar.

Fresa

Una de las frutas más deliciosas es la fresa, que aporta muy poca grasa, mucha agua y carbohidratos. Contiene gran cantidad de fibra, vitamina C y ácido cítrico, lo que le otorga propiedades antioxidantes. Su vitamina K favorece la cicatrización y evita hemorragias.

Por sus propiedades diuréticas, se le emplea generalmente contra la gota y el reumatismo. No aporta muchas calorías, está libre de grasa y es perfecta para cualquier régimen de alimentación. Una porción de fresa corresponde a cinco unidades de regular tamaño, previamente desinfectadas.

Lima

Son de las frutas con menor valor calórico, aunque hay que tener en cuenta que no se consumen como fruta fresca, sino sólo su jugo. Su componente mayoritario es el agua. Destaca su contenido en vitamina C, ácido cítrico y sustancias de acción astringente. El mineral más abundante es el potasio.

La vitamina C interviene en la formación de colágeno, huesos y dientes, glóbulos rojos y favorece la absorción del hierro de los alimentos y la resistencia a las infecciones. El ácido cítrico, posee una acción desinfectante y potencia la acción de la vitamina C. El potasio es necesario para la transmisión y generación del impulso nervioso, para la actividad muscular normal e interviene en el equilibrio de agua dentro y fuera de la célula.

Es un fruto que si bien no se consume tan fácilmente como la naranja, que se corta y disfruta al instante, su jugo puede ser acompañado con otros frutos pertenecientes al mismo grupo y así obtener todos los beneficios no sólo de la lima, sino de la fruta con que se acompañe. Una porción equivale a un fruto de regular tamaño.

Mandarina

La mandarina es un cítrico muy saludable. La naranja y la mandarina externamente no se diferencian más que en el tamaño. La mandarina es mucho más pequeña, pero hay algunas que pueden alcanzar tamaños similares a los de las naranjas. Su piel es gruesa y de color anaranjado fuerte. La carne de esta fruta está dividida en gajos que facilitan enormemente su consumo. Por ello, es muy fácil de ingerir en cualquier lugar.

Su componente mayoritario es agua, y su único inconveniente es que posee una gran cantidad de semillas, pero fuera de ello el fruto es delicioso. Aporta bajas calorías, cantidad apreciable de fibra, abundante vitamina C y provitamina A. En menor nivel ácido fólico y cítrico, potasio, magnesio, calcio y vitaminas del grupo B.

Es recomendable para los deportistas, por su contenido en potasio, carotenoides y otros nutrientes. Potencia las defensas, por lo que es ideal para cuando se padece de anemia. Una porción equivale a una pieza de regular tamaño, de preferencia de color naranja intenso para asegurar que esté en su punto más dulce.

Mango

El mango es una de las frutas más importantes de la familia de las Anacardiáceas, considerado como uno de los principales frutos tropicales y más finos que en el mercado se pueden encontrar. Esta fruta originaria de la India —cuyo pueblo lleva más de cuatro mil años consumiéndola y haciéndola parte de sus ceremonias religiosas— tiene más de mil variedades, que se diferencian por la zona de cultivo, color de piel y pulpa, sabor, aroma y tamaño, entre otras características.

Todas las variedades de mango contienen mucha agua y cantidades generosas de hidratos de carbono, por lo que es un fruto nada ligero pero ideal para las épocas de calor. Es rico en magnesio, provitamina A y vitamina C. Con un solo mango se obtienen las cantidades de vitamina C que el cuerpo requiere a diario. Es antioxidante. Al consumirse se limpian las mucosas y los pulmones, y la única contraindicación para este fruto es no consumirlo cuando se tenga diarrea.

Manzana verde

Es una fruta energética que facilita el trabajo muscular. A nivel de malestares internos la manzana es antiinflamatoria del aparato digestivo; antiácida; antidiarreica y laxante suave; diurética y depurativa; anticatarral en casos de bronquios o tos; anticolesterol; hipotensora, rebaja la presión sanguínea; sedante; febrífugo, para rebajar la fiebre; antitabaco, mantener una dieta con manzanas ayuda a abandonar el vicio del tabaco; y anticancerígeno.

La manzana verde se compone sobre todo de pectina, aminoácidos, ácidos, azúcares, catequizas, quercetina, sorbitol, fibras, calcio, hierro, magnesio, nitrógeno, fósforo y potasio, entre otras cosas. Así que por el simple hecho de consumir este tipo de manzana, estaremos previniendo y mejorando varias enfermedades que pueden atacar nuestro organismo.

Membrillo

Es originario de la Europa Meridional, y de los países a orillas del Mar Caspio. Aunque se sabe que ya existía en Babilonia hace 4,000 años. Para los griegos era el símbolo de la fertilidad y el amor. Es abundante en fibra, por lo que favorece el tránsito intestinal, es astringente por excelencia. Es desinfectante y favorece la eliminación del ácido úrico. Por su contenido de potasio ayuda al sistema nervioso y la actividad muscular. Combate la gastritis. Se utiliza para cuidar la piel, tratar el mal de anginas o la inflamación de los ojos.

El membrillo es una fruta con un escaso contenido de azúcares, y por tanto de bajo aporte calórico. El inconveniente que presenta es que en la mayoría de las ocasiones se consume en forma de dulce de membrillo, que lleva adicionado azúcar, por lo que el valor calórico de este producto se dispara.

La mejor forma de consumir membrillo es solo o acompañado con cualquiera de los frutos pertenecientes a este mismo grupo. Su sabor es un poco ácido, de ahí que pertenezca a este grupo, pero no desagradable.

Níspero

Originario del sudeste de China, pero fueron los japoneses quienes lo exportaron a otras regiones del mundo, de ahí que se tenga la creencia que es procedente del país del sol naciente. El Níspero posee pulpa comestible, que tiene un color entre blanco y anaranjado y es muy aromática, carnosa, con un intenso sabor dulce aunque algo ácido. Es altamente nutritivo, recomendable contra la enteritis. Asimismo, combate las afecciones bucales, como inflamaciones y quemaduras; las digestiones pesadas, el flato, la gota, la retención urinaria y los trastornos hepáticos. También es diurético. Contra las indigestiones puede tomarse una decocción de su pulpa, aunque para fines más prácticos es mejor consumirlo fresco.

Tomate

La palabra Tomate proviene del náhuatl "xitli" (ombligo) y "tinatlm" (tomati o tomatera), y es el nombre común que se la ha dado a una planta herbácea de tallo voluble, largo y cubierto por numerosos pelos, que da frutos rojos. Además del sabor, hay buenas razones para comer este fruto, ya que es rico en vitaminas A, C y E, también contiene calcio, potasio y sales minerales. Es un refrescante y poderoso aperitivo, por lo que se utiliza como ingrediente en muchísimos platillos.

Generalmente se le ha considerado una verdura, pero la realidad es que se trata de un fruto delicioso capaz de mezclarse con cualquier tipo de alimento. Sin embargo, se ha demostrado que para obtener sus mejores beneficios se le ha de consumir solo o acompañado con algunos de los frutos pertenecientes a este mismo grupo. Una porción de tomate equivale a un fruto de regular tamaño. Se recomienda comerlo a diario.

Recetas de frutas semiácidas

❧ Canasta selecta

Porciones: 4

Ingredientes

4 fresas desinfectadas

4 frambuesas desinfectadas

2 mangos tipo manila

2 duraznos

2 mandarinas

1 lima (su jugo)

Preparación:

Pele los mangos y extraiga su fruta procurando no batirla, para que de este modo salgan rebanadas de mango. Pele los duraznos y corte en trozos a modo de retirarles las semillas. Pele las mandarinas y corte en gajos. Filetee las fresas y las frambuesas. En un recipiente mezcle todos los ingredientes y bañe con el jugo de la lima. Coma de inmediato. Este es un coctel antioxidante que otorga muchos beneficios y mantiene al organismo libre de padecimientos.

૨ Coctel revitalizante

Porciones: 2

Ingredientes:

2 manzanas verdes

2 tomates

½ lima (el jugo)

1 pizca de sal marina

Preparación:

Lave las manzanas y los tomates. Corte en rebanadas de aproximadamente un centímetro de grosor. Coloque en dos platos a modo que queden intercaladas las rebanadas de tomate y manzana y sean distribuidas en dos perfectas partes. Bañe los platos con el jugo de limón y ponga un poco de sal marina. Es ideal para la época de calor, para revivificar la piel y además no aporta muchas calorías, lo que la hace una receta para cualquier régimen alimenticio.

Grupo de las dulces

Plátano

El plátano es una planta nativa de India, Australia y África tropical. Puede crecer hasta 20 pies o más. Es de la familia de las Musáceas, la cual incluye al guineo y al plátano macho. Su cultivo se ha extendido a los países tropicales en Latinoamérica y el Caribe. Una de las ventajas del plátano, además de su rico sabor y de sus beneficios para la salud, es que es una fruta que se puede conseguir durante todo el año.

Banano, plátano, banana, como se le quiera llamar, esta fruta contiene un alto valor calórico, es rico en potasio, magnesio, ácido fólico, vitamina A y B12, sustancias astringentes y fibra. Es ideal para todas las dietas, incluso de adelgazamiento y para diabéticos. Útil para hipertensos, los que pierden potasio, los que sufren afecciones de vasos sanguíneos y corazón; para gastritis, anemia y fatiga. El plátano maduro detiene la diarrea. La única indicación importante es que se debe masticar bien. Una porción equivale a una pieza de este fruto.

Cereza

La Cereza es un fruto que pertenece a la familia de las Rosáceas. El fruto presenta, por lo general, forma de corazón o casi globular, de alrededor de 2 cm de diámetro y un color que varía de amarillo, rojo a casi negro. El contenido en ácido de la Cereza dulce es bajo; el volumen más elevado en la cereza ácida le proporciona su sabor característico.

Es una fruta rica en vitaminas A, B, C, E y PP, en hierro, calcio, magnesio, en potasio y azufre. La composición promedio de cereza por 100 grs es: 82 por ciento de agua, 15 g de glúcidos, 0 g de proteínas, 0 g de lípidos. 250 kJ energía. Es importante y vale la pena mencionar que por ser una fruta que se caracteriza por ser rica en azúcares, la cereza no está recomendada para los diabéticos (sobre todo por fuera de las comidas principales) y es mejor no consumirla en exceso si se tiene sobrepeso o se está haciendo una dieta. Una porción equivale a cinco cerezas de regular tamaño.

Chirimoya o guanábana

Es una fruta que pertenece a la familia de las Anonáceas, que consta de unas 800 especies arbóreas de las regiones tropicales, con frutos en baya y carnosos. El género Anona consta de 120 especies de las que unas 20 se cultivan por sus frutos en la América tropical y sur de Europa. Procede del chirimoyo, un árbol que puede alcanzar hasta 8 metros de altura.

Su componente mayoritario es el agua. Destaca su aporte de hidratos de carbono, entre los que predominan la glucosa y fructosa. Es pobre en grasas y proteínas, pero dado su alto contenido de azúcares, su valor calórico es bastante elevado.

Es buena fuente de potasio y vitamina C. Su alto contenido de fibra le confiere propiedades laxantes. Contribuye a reducir las tasas de colesterol en sangre y al buen control de la glucemia. Resulta muy recomendable para aquellas personas que sufren de hipertensión arterial o afecciones de vasos sanguíneos y corazón. Regula el estrés y reduce el ácido úrico. Es un excelente diurético. Por su contenido en calcio, retrasa el envejecimiento de los huesos.

Granada

La granada es la fruta del granado, árbol originario de Mesopotamia, también conocida como "milgrano, magrana, minglana, balaustra, o manglano", considerada por muchos como la fruta de la fertilidad. Se dice que la granada era el fruto prohibido del "Paraíso", en contraposición a la manzana, de ahí que sea asociada a la fecundidad.

La fruta posee una piel gruesa de color escarlata o dorada con tono carmesí en el exterior y una gran cantidad de semillas internas rodeadas de una jugosa pulpa de color rubí. En oriente es considerada como un símbolo del amor, el poeta español García Lorca destacó al fruto en varios de sus trabajos literarios.

Es una fruta de muy bajo valor calórico debido a su escaso contenido de hidratos de carbono. El componente mayoritario es el agua y en lo que se refiere a otros nutrientes, tan sólo destaca su aporte mineral de potasio. Este mineral es necesario para la transmisión y generación del impulso nervioso y para la actividad muscular normal, interviene en el equilibrio de agua dentro y fuera de la célula.

Otros componentes destacables son el ácido cítrico (de acción desinfectante, alcaliniza la orina y potencia la acción de la vitamina C), málico, flavonoides (pigmentos de acción antioxidante) y los taninos. Estos últimos son sustancias con propiedades astringentes y antiinflamatorias. Algunas de las acciones de los taninos son secar y desinflamar la mucosa intestinal (capa que tapiza el interior del conducto digestivo), por lo que resultan eficaces en el tratamiento de la diarrea. Los taninos se reconocen rápidamente por la sensación áspera que producen al paladar. Una porción equivale a una pieza.

Grosella

Las Grosellas pertenecen a la familia de las Grosulariáceas. Necesita de climas templados y fríos, para crecer sin problemas. Son frutas silvestres dulces y sabrosas, muy perfumadas. Las grosellas rojas se pueden consumir frescas, aunque generalmente se emplean en la elaboración de productos como compotas, jaleas, mermeladas, gelatinas, cremas, batidos, tartas, helados, zumos, caldos, licores y bebidas refrescantes.

Estas frutas son de bajo valor calórico por su escaso aporte de hidratos de carbono. Son especialmente ricas en vitamina C, las grosellas negras y las rojas, que tienen cantidades mayores que algunos cítricos. En general, las bayas silvestres son buena fuente de fibra, que mejora el tránsito intestinal, y de potasio, hierro y calcio (estos dos últimos de peor aprovechamiento que los procedentes de alimentos de origen animal), taninos de acción astringente y de diversos ácidos orgánicos. Sin embargo, lo que en realidad caracteriza a estas frutas es su abundancia de pigmentos naturales (antocianos y carotenoides) de acción antioxidante. También se dice que favorece la exudación, facilita la menstruación e incrementa el apetito. Una porción equivale a cinco piezas de este fruto.

Higo

Su origen se remonta a siglos antes de Cristo e incluso fueron considerados como manjares en la época de la Grecia Clásica. Ya en el mismo Génesis de la Biblia, se narra cómo Moisés mandó a unos exploradores a reconocer la tierra de Canaán y estos volvieron con diferentes frutos, entre ellos higos. Pero fue en la Grecia clásica donde los higos suponen uno de los alimentos esenciales de su civilización. Se dice que era la fruta predilecta del filósofo Platón.

El fruto fresco está compuesto por un 80 por ciento de agua y un 12 por ciento de azúcar. Una vez seco, estas proporciones varían fuertemente a menos de un 20 por ciento y más de un 48 por ciento, respectivamente. Sus características nutricionales se potencian una vez secos.

Durante siglos, esta fruta ha sido considerada erótica, ambivalente y simbólica. Ambivalente porque, por ejemplo, para la cultura judeocristiana tenía analogía con el órgano sexual femenino, sin embargo, para los árabes, era análoga con el órgano masculino.

El higo aporta fibra, carbohidratos, fósforo, potasio, magnesio y calcio, así como ligeras cantidades de provitamina A y vitaminas B1, B2, B3, y C. Debido a su alto contenido de calorías, resulta ser una fuente rica de energía, además de que actúa como regenerador muscular, incluso en Grecia era muy socorrida entre los grandes y enigmáticos deportistas. Útil para estreñimiento, colitis y diverticulitis. Estudios recientes demuestran que es ideal para prevenir la osteoporosis. Una fruta equivale a una porción.

Manzana

La manzana es el fruto de unos pequeños árboles, originarios de Europa, el oeste del Turkestán y el sudoeste y centro de Asia. Existen incontables variedades de manzanas por todo el mundo. La creencia popular advierte que una manzana al día mantiene al médico lejos del hogar, y es muy probable que sea cierto. Se sabe que contiene un 85 por ciento de agua, fructuosa, fibra, potasio, vitaminas C y E, pectina, aminoácidos y minerales. Sus extraordinarias propiedades se deben a sus flavonoides y quercitina, poderosos antioxidantes.

En realidad no importa cómo se coma, si con cáscara o sin ella, pues de ambos modos actúa como antiinflamatoria, reguladora digestiva. Resulta ser un laxante suave y astringente en caso de diarrea. La única contraindicación que se hace para este fruto es que se debe masticar muy bien, jamás ha de pasarse casi entera. Se puede emplear en caso de colitis e hipertensión. Para que no se oxiden se bañan con unas cuantas gotas de limón, pero lo más aconsejable es que se consuman al momento.

Es la fruta por excelencia, ya que es bien tolerada por casi todas las personas y se puede combinar, sin problema, con otros alimentos.

Melón

Podemos encontrar melón de pulpa naranja como melón de pulpa verde, ambos con un alto contenido de agua; 90 por ciento. Contiene muy pocas calorías y un alto porcentaje de fibra. La cantidad de betacaroteno, depende de la pigmentación de la pulpa.

Es una fruta con buena fuente de vitamina A y C. Ayuda a evitar la formación de coágulos en la sangre. Protege contra el cáncer de pulmón, de mama y de próstata. Sus semillas machacadas eliminan las lombrices intestinales. Tiene propiedades diuréticas. Evita el estreñimiento. Previene la aparición de manchas sobre la piel, la suaviza y tonifica. Ayuda a controlar los nervios. Una porción equivale a una rebanada gruesa de la fruta.

Papaya

La papaya es una fruta tropical muy popular ya que, además de su buen sabor, tiene tantas propiedades que los nativos de Costa Rica y México la conocen como la fruta del árbol de la buena salud. También se conoce a la papaya con otros nombres: melón zapote, mamao, naimi, capaídso, fruta bomba, lechosa, mamón, nampucha, pucha y paque.

Media papaya (pequeña) cubre el 150 por ciento de nuestras necesidades diarias de Vitamina C (supera incluso a naranjas, limones y pomelos). Su coloración anaranjada nos avisa de que es rica en betacarotenos. La papaya está cargada de nutrientes, incluyendo vitamina A, vitamina C, complejo B, potasio, magnesio, fibra, ácido fólico y pequeñas cantidades de calcio y hierro.

Las personas con problemas de estreñimiento, parásitos y digestiones pesadas pueden probar y ver cómo mejoran al consumir papaya. Si el resultado no es el esperado siempre pueden consultar con su médico o especialista, la conveniencia de tomar cápsulas o comprimidos de Papaína. El efecto medicinal es mayor aunque evidentemente no tiene el mismo valor nutricional ya que sólo estamos tomando una parte de la papaya.

Pera

La pera es una fruta dulce, acuosa y fresca ideal para la época de calor. Aporta azúcares, fibra, potasio, pectina y taninos. Por sus escasos carbohidratos y sodio, es recomendable para diabéticos, hipertensos y enfermos cardiovasculares. Contienen vitamina A, B, C, D y E. Al igual que la manzana posee un valor llamado "antioxidante" que contribuye al buen estado celular del organismo.

Las personas de edad avanzada deberían comer más peras, debido a que esta fruta ayuda a depurar el organismo, aporta calcio, tan necesario para estas personas y contribuye a descalcificar las arterias, llevando el calcio a los huesos. Se les recomienda a personas que sufren de falta de vitaminas, en casos de palidez causada por anemia. Auxiliar en padecimientos de los riñones y el canal intestinal. También es muy indicada para quienes sufren de Bocio, ya que contiene yodo que beneficia en estos casos. Una porción equivale a una pera.

Pitahaya

La pitahaya, es una fruta exótica, silvestre y de inten-so colorido que la convierte en una obra del arte de la naturaleza. Se puede utilizar para preparar gelatina, he-lado, yogurt, jarabe, dulces, mermelada, jalea o refresco, así como también se puede disfrutar comiéndola sola.

Se cree que durante la época precolombina, en los bosques de América Central millones de pitahayas vi-vían y colgaban sobre los árboles más grandes forman-do enormes y pesadas masas, las cuales periódicamente producían miles y miles de frutos carnosos y comesti-bles que eran una importante fuente de alimento para la fauna silvestre y para los indígenas mesoamericanos de la época, quienes la conocían como cuaunochtli o guanoste.

La pitahaya es casi una porción de agua deliciosa-mente azucarada. Son frutos de muy bajo valor calórico, ya que apenas contienen hidratos de carbono. Destaca el contenido de vitamina C en la variedad roja, no así en la amarilla. La porción comestible supone un 55% del peso total. La vitamina C interviene en la formación de colágeno, huesos y dientes, glóbulos rojos y favorece la absorción del hierro de los alimentos, la resistencia a las infecciones y tiene acción antioxidante. Es considerado un fruto exótico, y una porción equivale a una pieza.

Sandía

La Sandía es originaria de África tropical. Se han encontrado vestigios, de los que se deduce, que ya existía en el antiguo Egipto. De ahí pasó a los países bañados por el Mediterráneo. Al Continente Americano llegó gracias a países Europeos, como España y Portugal. Se tiene constancia de más de cincuenta variedades de sandía, que se clasifican en función de la forma de sus frutos, el color de la pulpa, el color de la piel, el peso, el período de maduración, etc.

La sandía es la fruta que más cantidad de agua contiene (93 por ciento), por lo que su valor calórico es muy bajo, apenas 20 calorías por 100 gramos. Los niveles de vitaminas y sales minerales son poco relevantes, siendo el potasio y el magnesio los que más destacan, si bien en cantidades inferiores comparados con otras frutas. El color rosado de su pulpa se debe a la presencia del pigmento licopeno, sustancia con capacidad antioxidante. Es un magnífico diurético, por lo que se recomienda para las personas que padecen cálculos renales, ácido úrico, hipertensión o quienes retengan líquidos.

Recetas de frutas dulces

✍ Brochetas dulces

Porciones: 4

Ingredientes:

 2 manzanas

 2 rebanadas de melón

 2 rebanadas de papaya

 2 rebanadas de sandía

 2 plátanos tipo tabasco

 Banderillas para brochetas

Preparación:

Lave y corte las manzanas en dados. Corte el melón, la sandía y la papaya en dados también. Pele y rebane los plátanos procurando que cada rebanada sea lo suficientemente gruesa como para poder insertarse. En cada una de las banderillas para brochetas inserte la fruta intercalándola. Realice esta operación hasta terminar con la fruta. Sirva y consuma de inmediato, es ideal para los días calurosos o para aquellas personas que han perdido el apetito a causa de alguna enfermedad.

🐾 Papilla para enfermos
Porciones: 1

Ingredientes:
   1 plátano tipo tabasco
   1 manzana golden

Preparación:
   Lave, corte y pele la manzana retirándole el centro. Pele el plátano. Haga con ambas frutas una papilla machacándolos. Esta receta es ideal para niños, adultos y ancianos que están pasando por una enfermedad grave y no pueden consumir alimentos.

Grupo de las neutras

Aceituna
   Se denomina aceituna de mesa al producto preparado a partir del fruto sano, limpio y suficientemente maduro del olivo una vez que se le somete a tratamientos que garanticen su calidad, buena conservación, e inocuidad para el consumidor. De las distintas variedades de aceituna de mesa, la más conocida es la manzanilla: la de mayor importancia y calidad.
   La aceituna de mesa se puede considerar como un alimento de gran valor nutritivo, rica en componentes

grasos de gran calidad, contiene todos los aminoácidos esenciales, gran cantidad de minerales, un apreciable contenido en carotenos (provitamina A), vitamina C y tiamina, y buena cantidad de fibra, aportando unas 150 calorías por 100 gramos de alimento.

Durante la vejez su consumo debe disminuir pues el gasto calórico es menor, la capacidad metabólica disminuye y el colesterol se eleva en proporción al consumo de grasas. En procesos de diabetes u obesidad son desaconsejables, ya que se tiende a proporcionar al enfermo dietas bajas en calorías y un consumo pobre en alimentos grasos, de ahí en fuera consumirlas es muy benéfico para la salud. Una porción de aceitunas equivale a siete piezas completamente escurridas, debido a que generalmente se comercializan en salmuera.

Aguacate

Los aguacates son un alimento perfecto, como sustituto natural vegetariano de las proteínas contenidas en carne, huevos, queso y aves de corral. Las propiedades de los aguacates son muy benéficas para la salud: contienen los ácidos grasos esenciales y proteínas de alta calidad que se digieren fácilmente sin contribuir negativamente en el colesterol.

Es originario de México, Colombia y Venezuela. Es fuente importante de vitaminas A, C, E, tiamina (vitamina B1), calcio, hierro, magnesio, zinc y otros minerales, que lo hacen un "multivitamínico" natural y muy sabroso. Más aún, la pulpa del aguacate posee la extraordinaria propiedad de ayudar a eliminar el colesterol "malo", es decir las lipoproteínas de baja densidad, por lo que ayuda a reducir el riesgo de desarrollar arterosclerosis, la temible enfermedad del mundo sedentario de hoy; adicionalmente, se ha observado un efecto benéfico en pacientes con asma y artritis reumatoide.

Una porción de aguacate equivale a medio aguacate mexicano del tipo que se prefiera. Hay quienes prefieren recibir los beneficios de este fruto colocándoselo sobre la piel, pues se sabe que elimina las erupciones cutáneas, pero no hay nada como revitalizarse por dentro con sólo consumir aguacate de forma regular.

Almendra

La almendra, conocida como la reina de las rosas, de la familia de los rosáceos y del género Prunus, constituye una de las fuentes de alimentación más antiguas del mundo, ya mencionada en la Biblia 2,000 años antes de Cristo. La almendra es el fruto del almendro, cuya deidad protectora era una diosa fenicia cuyo nombre en sirio significa "árbol hermoso", calificativo muy apropiado dada la espectacular hermosura de los campos de almendros en flor.

Existen dos clases de almendras: dulces y amargas; las amargas por su contenido, son tóxicas para el organismo, por lo que no se deben consumir. Las almendras dulces que son las comestibles, contienen: agua, proteínas, grasas, hidratos de carbono y celulosa; vitaminas B1, B2, PP, C, A, D y E; calcio, fósforo, hierro, potasio, sodio, magnesio, azufre, cloro, manganeso, cobre y zinc. Contienen, además, los ocho aminoácidos esenciales. Son un alimento imprescindible en una dieta sana y equilibrada.

La almendra es uno de los frutos secos con mayor aporte de vitamina E, una vitamina cuya ingesta a menudo está por debajo de lo que sería recomendable y que ejerce un valioso papel antioxidante. 50 g diarios de almendras crudas cubren las necesidades por día de esta vitamina. La única contraindicación es que se trata de un fruto con alto contenido de grasas, aunque son benéficas, pues son de origen vegetal, en exceso sí pueden reflejarnos un aumento de peso considerable. Pero si se consumen en cantidades recomendadas los beneficios que se obtienen de ellas es de tomarse en cuenta.

Avellana

La avellana es un fruto sagrado entre los antiguos pueblos germánicos, es originaria de Asia, desde donde se extendió por Europa, y convirtió al Mediterráneo en una de las principales zonas de producción mundial. Su característica principal es su alta proporción de ácidos grasos monoinsaturados. Éstos previenen enfermedades cardiovasculares y ayudan a reducir los niveles de colesterol. Su aporte calórico es muy elevado: 650 kcal. por cada 100 gr. de producto.

Sin embargo, proporciona vitaminas, entre las que destacan la E, que tiene funciones en la reproducción, además de ser antioxidante; A, para la vista y la piel; y ácido fólico, imprescindible en la formación celular y en el desarrollo del feto; por ello es recomendable para embarazadas. Además, es adecuada en dietas hiposódicas.

Contiene diversos minerales, como calcio y fósforo, muy adecuados para niños y adolescentes, porque ayudan al crecimiento, y para ancianos, al reducir el riesgo de padecer osteoporosis. También tiene hierro, magnesio y yodo. Además, aporta fibra, con una importancia fundamental en el tránsito intestinal, y en la reducción de la absorción de azúcares, por lo que consumirla no es un obstáculo para los diabéticos. Una porción de avellanas equivale a diez unidades.

Cacahuate

El cacahuate es una semilla originaria de América del sur. La palabra cacahuate es de origen náhuatl, y es un acortamiento y modificación de tlálcacahuat lo que significa "semilla de cacao de la tierra"; de tlalli, "tierra" y cacahuate, "semilla de cacao". Su nombre científico es Arachis hypogaea.

El cacahuate es una semilla que nos ofrece una variedad importante de nutrientes, que la mayoría de las personas desconocemos, pues si bien todos hemos comido cacahuates, mucho se les tiranizó al considerarlos un fruto que provocaba erupciones en la piel. Sí, muchos adolescentes los excluyen de su alimentación debido a que tienen la creencia de que les causa acné y les ayuda a ganar peso.

Sin embargo, la grasa del cacahuate no es tan peligrosa, 75 por ciento de la grasa que contiene es de tipo monoinsaturado, es decir, una forma de grasa que ayuda a disminuir el colesterol en la sangre, lo que nos protege contra las enfermedades cardiacas y el endurecimiento de las arterias.

Esta semilla también contiene arginina, la cual es un compuesto químico que combate la hipertensión y la formación de coágulos al evitar los depósitos de colesterol en las arterias. Además contiene folatos, un compuesto derivado del ácido fólico. Los folatos evitan problemas neurológicos en los recién nacidos como la espina bífida (malformación en la que no se cierra la espina dorsal) y la anencefalia (donde la parte superior del tubo neural no alcanza a cerrar y no hay huesos en la bóveda craneal).

Es una excelente fuente de vitamina E y una fuente apreciable de las vitaminas del complejo B tiamina y niacina así como rica en proteínas y minerales. Lo recomiendan los médicos durante el embarazo por su contenido en acido fólico. Una porción de cacahuates equivale a 50 grs de estos frutos.

Cacao

El cacao es un fruto meramente mexicano. Cristóbal Colón, fue una de las primeras personas extranjeras en probar la deliciosa bebida que los indígenas preparaban con el "cacau", nombre maya con el que se designaba al fruto. Con ellos se elaboraba el "xocolatl" una bebida de fuerte sabor que producía una gran energía y vitalidad.

En el imperio azteca, Moctezuma recibía parte de sus tributos en almendras de cacao, porque usaba mucho sus bayas como monedas de cambio. Como bebida, Moctezuma recibía anualmente 400,000 countles, equivalentes a 160 millones de bayas de cacao, útiles para preparar diariamente 50 tazas de chocolate, para su consumo personal.

Durante los años de conquista la bebida del "Xocoatl Azteca" era apreciada no solo por su sabor, sino por su valor estimulante. En una de sus cartas, Hernán Cortés se la describió a Carlos V asegurando que bastaba con una taza de esa bebida indígena, para sostener la fuerza de un soldado durante todo un día de marcha.

Y es que gran parte de sus propiedades terapéuticas pueden atribuirse a unos compuestos, denominados flavonoides, presentes en grandes cantidades en los granos de cacao. Los flavonoides son unos compuestos naturales que se encuentran en abundancia en las plantas y en los alimentos de origen vegetal (leguminosas, frutas como la manzana y la uva). Aparentemente, tienen un papel funcional, ya que ayudan a la planta a reparar daños y la protegen de plagas y enfermedades. Recientemente, los científicos han comprobado que el consumo regular de frutas y verduras ricas en flavonoides reduce el riesgo de padecer muchas enfermedades crónicas como el cáncer, la apoplejía y las enfermedades cardíacas coronarias.

En la alimentación el cacao puede ayudar a equilibrar importantes sistemas como el digestivo y el inmunológico, ya que la significativa presencia de flavonoides, equilibra el desarrollo de ambos; sin mencionar que según diversos expertos incluir el cacao y/o chocolate en nuestra dieta también puede significar algunas virtudes en aspectos físicos como potenciar la energía.

Castaña

Las castañas son el fruto del castaño, un árbol de la familia de las cupulíferas que crece en climas templados pero húmedos. Maduran a partir de octubre, por lo que sólo se pueden conseguir en el súper en otoño e invierno. Es el fruto seco con menos calorías (100 g contienen 165) y con menos grasa (2.2 g). Tiene propiedades parecidas a las de los cereales, pues es fuente de carbohidratos en forma de fibra y almidón y un buen sustituto de la carne roja porque contiene proteínas de alta calidad.

Posee propiedades venotónicas, antiespasmódicas, desinflamatorias, espasmódicas, astringentes y hemostáticas. Por esto se utiliza en medicina tradicional en afecciones del sistema circulatorio como várices, inflamación venosa, celulitis. Trata problemas de inflamaciones de los vasos sanguíneos previniendo su aparición, por su riqueza en aesculina y aescina, dos componentes que tienen la capacidad de evitar la formación de edemas y aumentar la resistencia de los vasos sanguíneos. También contiene otros elementos como el ácido ascórbico, o vitamina C, flavonoides, quercetrina y rutina, ésta última especialmente indicada en casos de fragilidad capilar por lo que es ideal para tonificar las arterias y los capilares.

Sus propiedades astringentes, por su riqueza en taninos, son muy útiles en tratamiento de hemorroides y enfermedades de la piel. Provee también un efecto reafirmante en la piel. Por otra parte la corteza del Castaño de Indias es rica en Alantoína, altamente protectora de la salud y mantenimiento de la piel. Tiene propiedades cicatrizantes, antiulcéricas y antiinflamatorias, utilizándose en muchas cremas y productos para la piel. El Castaño de Indias, es una de las plantas con mayor proporción en alantoína, siendo únicamente superada por la Consuelda, planta de la que hablaremos en próxima entrega. La alantoína ayuda a desinflamar las lesiones producidas por golpes o torceduras reduciendo edemas, por lo que se usa mucho en cremas y espray para deportistas. Una porción de castañas equivale a diez unidades de regular tamaño.

Coco

Es el fruto del cocotero (cocos nucífera). Probablemente, es uno de los árboles más aprovechados. Existe una leyenda malaya, en la que se indican las noventa y nueve aplicaciones de cada una de sus partes. Es posible que el cocotero sea originario del archipiélago malayo, aunque algunas versiones dan también como su origen el de la América tropical.

La composición del coco varía a medida que éste madura. La grasa constituye el principal componente tras el agua y es rica en ácidos grasos saturados (88.6 por ciento del total), por lo que su valor calórico es el más alto de todas las frutas. Aporta una baja cantidad de hidratos de carbono y menor aún de proteínas. Así mismo, el coco es rico en sales minerales que participan en la mineralización de los huesos (magnesio, fósforo, calcio) y en potasio. En cuanto a otros nutrientes, destaca su aporte de fibra, que mejora el tránsito intestinal y contribuye a reducir el riesgo de ciertas alteraciones y enfermedades.

El coco seco rallado obliga al hígado a trabajar doble, de ahí que se le prefiera fresco, aún para licuados.

A los niños y personas débiles les hace bien el agua de coco y la pulpa muy fresca, cuando es una masa delgada y suave, ya que aporta muchos nutrientes y es fácil de digerir.

Si al agitar un coco no se escucha el chapoteo del agua, es mejor elegir otro, ya que la ausencia de movimiento interno significa que el coco está seco y la pulpa rancia. En cambio, si al agitarse se escucha el chapoteo del agua que golpea con las paredes del fruto, significa que está fresco, con jugo y lleno de nutrientes. Una porción de coco equivale a tres rebanadas pequeñas de la pulpa y a un vaso pequeño de agua de coco.

Nuez

La nuez tiene sus orígenes en la prehistoria, se han encontrado rastros fósiles en Texas y en el Norte de México indicando su existencia desde antes que los americanos nativos vivieran ahí. El descubrimiento de restos fósiles, junto con millones de árboles nativos de nuez que han sido encontrados a lo largo de la mayoría de los arroyos y causes de ríos en estas regiones, lo que significa que este fruto es más antiguo de lo que se imaginaba.

Las nueces son el fruto del Nogal (Juglans regia). Necesita de climas templados suaves, porque no resiste las heladas. En América crece tanto a nivel del mar, como en las montañas de climas templados más húmedos, pero nunca con heladas o temperaturas muy bajas. Las Nueces aportan gran cantidad de fibra, hidratos de carbono, proteínas, pero muchísimas calorías. No se deben comer más de 3 o 4 al día, si no se quiere ganar peso. Son ideales cuando se busca obtener energía proveniente de alimentos naturales.

Pepino

El pepino es un alimento de fácil digestión cuando se usa al natural e inclusive se puede usar con la cáscara cuando está tierno. Originario del sur de Asia. En Grecia y Roma fue adoptado como alimento y extendido por los romanos a toda Europa y Colón lo trajo a América. El pepino es el fruto procedente de una planta herbácea que recibe su mismo nombre. Pertenece a la familia de las Cucurbitáceas. Frutas como la sandía y el melón, junto con hortalizas tan comunes como el calabacín o la calabaza, pertenecen a esta misma familia.

Gran parte de la composición del pepino es agua, por lo que lo hace un alimento bajo en calorías pero muy refrescante. Entre las vitaminas y minerales que más se encuentran en este fruto están los folatos, la vitamina C y en menor proporción la vitamina A. Contiene potasio, fósforo y magnesio, junto con azufre y yodo (estos dos últimos están en mayor cantidad que los demás).

Este fruto, considerado comúnmente como una hortaliza, tiene una concentración modesta de vitamina C.

Cien gramos de pepino aportan aproximadamente un 10% de la ingesta diaria recomendada de 60 mg/día. El pepino no contiene grasa y es bajo en calorías y colesterol. Entre las substancias inhibidoras del cáncer que se encuentran en el pepino están los fitoquímicos como los fitosteroles y terpenos. Algunos dietistas de los llamados de la vieja guardia, presentan al pepino como un alimento difícil de digerir, y esto en cierta forma es verdad, aunque en realidad es porque la gente no sabe prepararlo. El pepino debería comerse completamente natural, solamente bien lavado y sin cáscara. Una porción equivale a un pepino de mediano tamaño.

Recetas de frutas neutras

❧ Elixir sexual

Porciones: 2

Ingredientes:

    1 cucharada de miel de abeja
    1 aguacate tipo has

Preparación:

    Pele el aguacate y extraiga de él toda la pulpa. Coloque en un platón y mezcle con la miel de abeja. Consuma esta papilla al menos una hora antes de tener relaciones sexuales. Esta mezcla favorece en los varones la irrigación sanguínea a nivel de las arteriolas, que hacen posible el llenado del cuerpo cavernoso y además fortalece y potencializa el músculo liso del pene. Evita la eyaculación precoz. En la mujer es beneficioso el consumo para aquellas que padecen de anorgasmia o frigidez, y además para aquellas que tardan en obtener o alcanzar el orgasmo.

🐾 Ensalada de pepino
Porciones: 4

Ingredientes:

2 pepinos de mediano tamaño
1 cucharada de mayonesa baja en grasa
1 pizca de sal
1 pizca de pimienta negra molida

Preparación:

Lave, pele y corte los pepinos en rebanadas delgadas. Coloque en un platón. Salpimiente. Añada la mayonesa y revuelva hasta que los pepinos se bañen en un poco de mayonesa. Esta ensalada constituye un platillo ideal para los días de calor, pero ha de consumirse solo sin acompañar otros alimentos.

❧ Botana energizante
Porciones: 4

Ingredientes:
    10 nueces
    10 avellanas
    10 cacahuates
    10 almendras dulces

Preparación:
Esta receta no tiene mayor ciencia. Simplemente se pelan los cacahuates, las nueces, las avellanas y las almendras. Se colocan en un plato y se disfrutan. Muy recomendada para las personas deportistas o los jóvenes que llevan a casa amigos y se quiere comer algo sano pero que al mismo tiempo les quite la tentación de comer comida chatarra.

❧ Xocolatl genuino
Porciones: 4

Ingredientes:
    600 ml de leche descremada
    100 grs de cacao rallado
    4 cucharadas de agua fría
    2 gotas de esencia de vainilla

1 cucharada de harina de maíz

1 cucharadita de miel de abeja

Preparación:

Ponga la leche al fuego en una cacerola, eche el cacao rallado y ponga a calentar. Añada la miel y la vainilla. Antes de que empiece a hervir, añada la harina de maíz en el agua fría, disuelva y vierta en la mezcla de la cacerola. Bata bien hasta que se forme espuma en la superficie. Cuando hierva, deje unos minutos y sirva bien caliente. Esta es la receta original de la bebida que se preparaba hace cientos de años por los indígenas de nuestro país. Es ideal para la época de frío o lluvia.

➷ Crema de avellanas y cacao

Porciones: 4

Ingredientes:

50 grs de margarina

50 grs de avellanas molidas

15 grs de cacao sin azúcar

Edulcorante líquido a gusto

Preparación:

Muela las avellanas hasta conseguir hacerlas harina; aparte mezcle la margarina con el cacao y seguidamente las avellanas molidas. Bata los ingredientes hasta formar una pasta y endulce a su gusto. Esta receta es ideal para quienes deseen preparar un dulce natural libre de conservadores.

Grupo de los frutos de algodón

Anón

Se trata de una variación del fruto de la chirimoya. Los frutos se sirven de postre como fruta fresca y es muy común consumirlos en licuados o en helados. El anón es probablemente nativo de las Antillas, su origen preciso se desconoce porque ha sido ampliamente cultivado durante siglos. Alcanza los 20 pies de altura, con uno o más troncos de pocas pulgadas de diámetro. Las frutas miden hasta 4 pulgadas de diámetro y tienen la superficie cubierta por tubérculos, cada uno correspondiente a una porción triangular de pulpa con una semilla negra. La pulpa es blanda, jugosa y muy dulce. Florece y fructifica desde la primavera hasta el otoño. El nombre del género deriva del nombre indígena para el árbol y su fruta. El nombre de la especie significa escamosa, en referencia a la superficie de la fruta.

El anón es un fruto exótico, de sabor ácido pero consistencia cremosa, de ahí que se le considere un fruto de tipo algodón. Su valor alimenticio es alto, contiene vitaminas y minerales. En inglés se conoce como sugar apple, o lo que es lo mismo, manzana de azúcar en español. Retomando sus propiedades contiene altos niveles de proteínas, carbohidratos y fibras crudas. También posee contenidos altos de calcio, fosforo, hierro y potasio. Dentro de las vitaminas la fruta contiene la tiamina, riboflavina, niacina y ácido ascórbico. El consumo de esta fruta ayuda a tonificar los músculos, embellecer la figura, fortalecer el sistema inmunológico y favorece otras funciones del organismo.

No es difícil encontrarla, pero se facilitará la tarea si se le busca en supermercados grandes, dado que la producción es demandada por supermercados de la capital. De manera tradicional el anón concentra su producción en el verano. Con el uso de la poda se ha logrado extender la producción hasta el invierno. Durante este periodo se ha logrado cosechar frutas de mejor calidad. Una porción equivale a un fruto completo de anón.

Icaco

El icaco (Chrysobalanus icaco) es un arbusto frondoso, de hojas redondas, ligeramente ovales y frutos blancos o rosados en drupa, con una epidermis blanca o roja, pulpa blanca algodonosa y dulzona, y un hueso grande, de cubierta fibrosa, que encierra una almendra europea.

Su fruto es altamente astringente, y es común la preparación de un almíbar de este fruto que sustituye una de las comidas, todo con la finalidad de bajar de peso. También es conocido como la ciruela de algodón. No es recomendable consumirlo crudo, es mejor comerlo en dulce tradicional (almíbar) siguiendo la siguiente receta:

Receta tradicional:

La noche antes de la preparación se enjuagan los icacos —medio kilo, aproximadamente. Con un cuchillo fino se les hace, en el extremo superior, un corte superficial en cruz. Se colocan en un recipiente que no sea de aluminio, con agua suficiente para que los cubra, y se agrega el jugo de dos limones.

Al día siguiente, después de haberles escurrido el agua cuidadosamente, se les retira la piel y se colocan en la olla donde se van a preparar, junto a una taza de azúcar y agua que los cubra nuevamente. Se llevan al fuego, se dejan hervir y, lentamente, se cocinan hasta que el almíbar tenga la consistencia de una jalea y los icacos estén blandos. A mitad de cocción se agrega el jugo de otro limón, que servirá para que el dulce obtenga el color morado que lo caracteriza. Una porción equivale a medio vaso de dulce.

Guama

La guama es un fruto realmente gracioso por su forma física. Es una especie de vaina cuyo contenido son una especie de chícharos acolchonados. Son ideales para la preparación de batidos y jugos de frutas, ya sean mezclados con leche o agua, así como para la preparación de helados y postres.

Estas frutas son especialmente ricas en vitaminas A, B y C, en calcio, hierro, potasio y magnesio, por lo que son ideales para el sistema nervioso y el sistema inmunitario, para el estrés y constituyen un poderoso agente contra el envejecimiento. Además, están especialmente recomendadas para aquellas personas que sigan alguna dieta de adelgazamiento, pues tienen muy pocas calorías.

Se las encuentra fácilmente en provincia. Una porción equivale al contenido de una vaina. Únicamente se consume el contenido; es decir, las pequeñas bolitas blancas que se encuentra en su interior. Se introducen en la boca y sin pasarse, se extrae con los dientes y la lengua el algodón que envuelve la semilla. Ésta finalmente se desecha.

Mangostán

Es una de las frutas más cotizadas. El mangostán es una fruta que se ha utilizado por siglos por sus muchas propiedades curativas beneficiosas Es un alimento, no una droga, lo cual significa que debería ser seguro para casi cualquier persona que lo pruebe. Se trata de una fruta realmente extraña en forma de una pelota cuya pulpa en el interior es lo que se consume.

A pesar de que la fruta de mangostán ha existido literalmente por miles de años, no es muy conocida en el mundo entero. Originaria del sudeste de Asia y otras zonas de clima tropical, su sabor no tiene comparación. Contiene una cáscara color púrpura oscura, presenta una pulpa blanca y dulce y es casi del tamaño de una mandarina.

El mangostán supera en delicadeza a las demás frutas del mundo, o por lo menos a todas las de zona tropical. Es rica en xantonas que promueven una función saludable del cuerpo. Además, cada ración del mangostán contiene hasta 5 gramos de fibra. Su pigmento de color púrpura también se ha utilizado como tintura.

Se les puede encontrar fácilmente en supermercados grandes, sólo tiene que preguntar por este fruto. Una porción equivale a una pieza.

Recetas con frutos de algodón

ᘒ Té de mangostán

Porciones: 2

Ingredientes:

2 mangostán
2 cucharadas de azúcar morena
1 litro de agua

Preparación:

Lave y corte los mangostán en cuatro partes cada fruto. Coloque en recipiente y bañe con el agua. Ponga a hervir durante cinco minutos. Retire del fuego, deje entibiar y endulce con azúcar morena. Este té es muy empleado en Medio Oriente para reducir los niveles de colesterol, raro por ciento en esos países donde se cuida la alimentación y la presión sanguínea. Además se cree que el mangostán tiene poderes anti cancerígenos.

ᘛ Batido de guama

Porciones: 2

Ingredientes:

2 vainas de guama

1 cucharada de azúcar morena

½ litro de leche de soya

Preparación:

Pele las vainas de guama y extraiga las bolitas de guarda en su interior. Con la ayuda de un cuchillo extraiga únicamente la pulpa. Eche la pulpa al vaso de la licuadora y vierta la leche de soya y vacía además el azúcar. Licúe hasta obtener un batido parejo. Sirva y beba de preferencia en ayunas. Este es un desayuno ideal para las personas que buscan bajar de peso.

Grupo frutas doble fin

Berenjena

La berenjena es originaria de la India donde se cultiva desde hace más de 4,000 años. Llegó a España durante la Edad Media, gracias a los musulmanes, cuando éstos ocuparon el país. Y fueron los españoles los que la introdujeron a Europa, donde se extendió rápidamente, sobre todo a Francia e Italia.

Pertenece a la familia de las Solanáceas, y a la especie silvestre Solanum melongena, variedad esculentum. Es una planta de climas cálidos o templados, es muy sensible al frío y necesita un periodo de crecimiento en clima cálido, para poder disfrutar de una buena cosecha y de su óptimo sabor.

Contiene una gran cantidad de agua, por lo cual es un excelente diurético. Actúa como desengrasante, por lo que es muy recomendable luego de consumir alimentos ricos en grasas. Tiene muy pocas calorías. Es antioxidante y preventiva de ciertos tipos de cáncer y enfermedades cardíacas. La berenjena machacada es muy buena colocada sobre las quemaduras. Una porción de berenjena equivale a medio fruto.

Chayote

El Chayote, otra fruta originaria del Nuevo Mundo, fue cultivada extensamente por las civilizaciones Maya y Azteca de Centro América. Hoy en día se ha convertido en un suplemento alimenticio de mucha importancia, cuya presencia es indispensable en los grandes mercados de Estados Unidos y Europa. Además, la raíz y los tallos tiernos de la planta enredadera, también son usados como alimentos en muchas regiones, principalmente de las Américas.

Se trata de un vegetal (aunque en realidad es un fruto) de apariencia tosca y suave sabor, la papa del aire o chayote es una hortaliza trepadora que vive y produce por varios años. Pertenece a la familia de las cucurbitáceas. Su sabor es el de una mezcla de zapallito y pera, tiene un 90 por ciento de agua, brinda abundancia de follaje en verano y prodigalidad de sus frutos en el otoño.

Los tallos pueden cocinarse como espárragos, las hojas tiernas se pueden preparar como la espinaca, al igual que los brotes tiernos y los zarcillos, los frutos pueden consumirse indistintamente como los pepinos y las papas. Crudos y pelados se los emplea en ensaladas. Pueden consumirse al horno, hervidos o en guisados. Con ellos se preparan conservas agridulces y hasta dulces.

El chayote tiene un 2 por ciento de proteína, que no es poco si se lo consume en abundancia; algo que podrá hacer sin temor a engordar, dado que tiene un bajo contenido en almidón. Por eso se la llama "papa dietética". El noventa por ciento de la fruta es agua, además de que contiene muy pocos carbohidratos. Una porción equivale a una pieza.

Remolacha

La remolacha de mesa (también conocida como remolacha de huerto, nabo de sangre o remolacha roja) es un vegetal popular en los huertos de los Estados Unidos. Las hojas (cuello) de la remolacha son una fuente excelente de vitamina A y las raíces (remolachas) son una buena fuente de vitamina C.

Es conocida como un anticancerígeno, por su riqueza en flavonoides.Es muy recomendada para casos de anemia y enfermedades de la sangre por su alto contenido de hierro.

Son particularmente ricas en folate. Se ha encontrado que el ácido folate y ácido fólico previenen defectos de nacimiento del tubo neural (nervioso) y ayudan contra enfermedades cardíacas. Las remolachas también tienen alto contenido de fibra, soluble e insoluble. La fibra insoluble ayuda a mantener su tracto intestinal trabajando bien, mientras que la fibra soluble mantiene sus niveles de azúcar en la sangre y colesterol controlados. La remolacha es un alimento de moderado contenido calórico, ya que tras el agua, los hidratos de carbono son el componente más abundante, lo que hace que ésta sea una de las hortalizas más ricas en azúcares. Es buena fuente de fibra. Una porción equivale a una pieza.

Recetas con frutas doble fin

≈ Chayotes al vapor

Porciones: 4

Ingredientes:

4 chayotes

1 cucharadita de margarina

1 pizca de sal marina

Preparación:

Lave y corte los chayotes en cuatro partes. Ponga en una cacerola a modo que se cuezan a vapor. Ponga en un recipiente y bañe con la cucharadita de margarina, dejando que se derrita, pues al estar calientes se facilitará esta labor. Sale y sirva como guarnición de algún queso fresco, o bien consúmalo solo.

≈ Agua de berenjena

Porciones: 1

Ingredientes:

1 cucharada de azúcar morena

1 pizca de sal

½ berenjena negra

½ litro de agua

Preparación:

Lave y rebane la berenjena. Ponga el agua a hervir en un recipiente. Agregue la pizca de sal. Añada las rebanadas de berenjena y deje que se cuezan. Retire del fuego, escurra el agua y deje que se enfríe. Toda vez que esté fría el agua se le añade la cucharada de azúcar y se bebe durante el día como si fuese agua de tiempo. Esta receta es ideal para bajar los niveles de colesterol LDL en la sangre.

Grupo frutas tubérculos

Malanga

La malanga es una planta herbácea, sin tallos aéreos, con hojas grandes proveniente de un cormo subterráneo primario, el mismo que es relativamente vertical y del cual nacen cormos laterales y horizontales comestibles. Principalmente crece en países tropicales.

Es un cultivo rico en carbohidratos, por esa razón, es un buen alimento para niños en crecimiento y adultos, El contenido de proteínas es relativamente bajo sin embargo, es el mayor en comparación con otros farináceos. También contiene una alta cantidad de minerales superada solamente por la yuca.

Para que tenga una idea de la forma de este fruto, es muy parecido a una papa o un camote, con la diferencia de que es más largo y delgado. Una porción equivale a uno de estos frutos que se pueden consumir apenas cocidos al vapor.

Rábano

El rábano pertenece a la familia de las Crucíferas. Se considera a China como el lugar de origen de los rábanos, aunque este es un dato que no se ha determinado de forma concluyente. Sin embargo, sí se sabe que los egipcios y babilonios ya lo consumían hace más de 4,000 años.

El rábano es un alimento con un bajo aporte calórico gracias a su alto contenido en agua. Tras el agua, su principal componente son los hidratos de carbono y la fibra. De su contenido vitamínico destaca la vitamina C y los folatos. La vitamina C tiene acción antioxidante, interviene en la formación de colágeno, huesos y dientes, glóbulos rojos y favorece la absorción del hierro de los alimentos y la resistencia a las infecciones. Los folatos colaboran en la producción de glóbulos rojos y blancos, en la síntesis de material genético y la formación de anticuerpos del sistema inmunológico.

Los minerales más abundantes en su composición son el potasio y el yodo, que aparece en cantidad superior a la de la mayoría de hortalizas. Contiene cantidades significativas de calcio y fósforo. El magnesio está presente, pero en menor proporción. Una porción de rábano equivale a tres piezas chicas o dos grandes.

Recetas con frutos tubérculos

✍ Ensalada de tubérculos

Porciones: 4

Ingredientes:

2 malanga

2 rábanos

1 pizca de sal

1 chorrito de jugo de limón (opcional)

Preparación:

Ponga a cocer la malanga con suficiente agua. Una vez cocida, lave y corte en trozos. Recuerde que es un tubérculo por ello requiere de mayor higiene. Lave y rebane los rábanos. Coloque ambos tubérculos en un plato para ensalada y bañe con el jugo de limón y la sal. Sirva de inmediato. Es ideal como snack o entremés.

Índice

Esta obra se terminó de imprimir en los talleres de
EDICIONES CULTURALES PARTENON, S.A. DE C.V.
16 de Septiembre No. 29-A Col. San Francisco Culhuacán
C.P. 04700, México, d.f., 5445-9534